AF337629

LE
ROMANT DE
CONCHINE ET DE
SA FEMME.

Contenant leurs vies, faits, & gestes,
depuis leur arriuée en France, iusques à l'execution de leurs
personnes.

A PARIS,

Chez Ioseph Bouïllerot, ruë de la Calandre au
Croissant.
M. DC. XVII.
Auec permißion.

946

38

LE ROMANT DE
Conchine & de sa femme.

Contenant leurs vies, faicts, & gestes, depuis leur arriuee en France iusques à l'execution de leurs personnes.

E N l'année, 1600. Le feu Roy Henry le Grand d'heureuse memoire, pour l'accomplissement des promesses de mariage, faictes par sa Maiesté à la tres-auguste Princesse de Florence, à present Reyne mere du Roy, il fut question d'enuoyer des Ambassadeurs en Italie, pour faire asçauoir le desir & l'intention qu'il auoit deffectuer ce qui estoit commencé: luy mesme se transporta en la ville de Lion, auec vne assistance tres-magnifique pour y reçeuoir sa future Espouze: Tout ce qui estoit requis & necessaire à l'effect d'vne alliance tant desiree, ne fut espargné en aucune façon, si bien que le Roy ayant séiourné en ceste ville par vne longue espace de temps, en fin la Princesse y arriua, portant le nom de Reyne de France, (comme ayant contracté le mariage à la mode des Roys)

Son entrée fut tres-solemnelle, & la reception que luy fit le peuple tesmoignoit assez combien il en reçeuoit de contentement. Les Seigneurs & les Da-

A ij

mes qui l'affiſtoient recogneurent auſſi tant de bon-
nes volontés, qu'ils fonderent deſlors vn eſpoir
que la France les pouuoit gratifier: quelque ſejour ſe
fit encores par le Roy & la Reyne en ladite ville de
Lyon, & puis leurs Majeſtés iugeant que leurs pre-
ſences eſtoient autant neceſſaires qu'agreables aux
Pariſiens, elles s'acheminerent de pardeça, où eſtãt
arriuez chacun en particulier & en public, donna
preuue du reſentiment d'allegreſſe qu'il en auoit.

Ces choſes ainſi effectuées, le Roy donna ordre à
l'eſtabliſſement de la maiſon de ſa chere Eſpouze, de
ſorte qu'en meſme temps tous ſes officiers furét eſta-
blis; Conchine qu'elle auoit emmené de Florence
auec ſa femme, n'euſt point de qualité plus releuée
que de ſimple Gentil-homme, auſſi n'eſtoit il pas né-
ceſſaire ny conuenable de luy donner vn grade plus
éminent que ne permettoit ſon extraction, (puiſque
ſes merites ne luy auoient encores rien aquis:) quand
à ſa femme elle reçeuſt la faueur par la benignité du
Roy, & l'amitié que luy portoit la Reyne, à cauſe
quelle auoit eſté allaictée par vne meſme nourrice,
qu'd'eſtre vne de ſes Dames d'honneur, & d'en receuoir les penſions ordinaires : Ce qui a touſiours
continué en pareil eſtat, iuſques au iour infauſte du
paricide, commis en la perſonne de ce grand Monar-
que & qui euſt ſubſiſté touſiours auec la meſme rai-
ſon ſans ce miſerable & funeſte accident.

Mais hélas! du depuis l'Eſtat de la France a bien
changé de face & de couleur. Premierement nous
auions vn Roy, dont l'effroy de ſes armes faiſoit tré-
bler ſes plus fiers ennemys. Nous auions la Paix,
auec laquelle nous banquetions, toutes choſes
nous eſtoient à ſouhait & à plaiſir : les affaires ſe fai-

foient auec le compas de la Iuftice, & par ce coup
il nous eft à la verité demeuré vn Roy, fils legitime
de ce grand Roy, feul heritier de fa valeur & de fon
courage, mais la tendreur de fes ans luy defnioit ce,
que nos crimes ne pouuoient efperer. Nous le voyós
la fatigue des guerres que nous auons fupportée depuis ce temps, tefmoigne affez le mauuais vifage de
noftre fortune, & fert de preuue plus que fuffifan-
te, de ce que nous auons efté fruftrez de nos premieres felicitez. L'accident eft arriué au mois de
May de l'année mil fix cens neuf, lors que nous eftiós
prefts de fauourer le plus grand heur qui fe pouuoit
imaginer : D'vn cofté nous efperions l'agrandiffe-
ment de la Couronne de noftre incomparable, de
l'autre nous n'attendions que l'heure de voir les plus
grands triomphes pour le refpect de fa chere efpou-
fe, que la France ayt iamais peu confiderer, & fur ce
poinct l'enfer exhala vn de fes monftres, qui mettant le coufteau dans le cœur de ce braue Prince,
nous mit tous au coupe-gorge, & à l'appreft de tous
nos mal-heurs.

Ainfi la France fut mife au tombeau de fes mife-
res, ou du moins demy-viue dans iceluy, à la façon
des Scythes, n'ayant plus pour obiect que fa propre
infortune, ny pour confolation que fes langueurs :
Ainfi les Lys commencerent de fleftrir, s'inclinant
autant deuers la terre, comme ils fe releuoient aupa-
rauant deuers le Ciel, ainfi di-je, & après ce funefte
coup, ceux qui defiroient de paruenir aux grades, &
de trancher des Monarques en cour, prindrent l'oc-
cafion à leur aduantage, fans confiderer fi la iuftice
& la raifon le permettoient ; tellement que par la
naiffance du mal-heur public, plufieurs firent naiftre

leurs prosperitez, iusques à se glisser dans les honneurs, qui appartenoient aux plus principaux de la Couronne : entre lesquels Conchine & sa femme ne manquerent iamais d'appetit, non plus que de mauuaises volontez, (ainsi qu'il sera dit par cy apres) & le tout afin de triompher de la clemence des François, qu'ils cōmencerent déslors de nommer Coyons se voyant (estrangers qu'il estoient) plus fauorisez & plus cheris que nón pas ceux de la maison : Ouy ce fut lors que ces deux viperes de l'Estat idolastrerent leurs desseins pernicieux, & en suyuirent tellement la trace, que le progrés du temps nous a fait voir quel estoit leur but & leur intention.

Pour venir au premier grade d'honneur dont Conchine fut fauorisé apres le regretable trespas du grand Henry, il fut pratiqué par sa femme, & requis à la Reyne Mere, auec toutes les humbles remonstrances, q'vn esprit pareil au sién pouroit inuenter, pour venir à bout de son desein : Ce grade fut de premier Gentilhomme de la chambre du Roy, soubstenu des pensions, telles que requiert la qualité, puis desirant de sesleuer de plus en plus, & negligeant mesme le seruice quil deuoit à sa majesté en sa condition, il fist tant que de mesler vn diuorce en Cour, persuadant á ladite Dame Reyne quil n'estoit pas necessaire á des Princes de posseder tant de richesses pendant la minorité d'vn Roy, que si les places quilz tenoient des vn long temps leur restoient en possession, qu'à la moindre disgrace ce leur seroit vn bouleuers pour les exempter de la recognoissance de leur deuoir, de façon que sur telles pestilentieuses raisons, la Reyne mere consulta ce qu'elle en deuoit faire, & comment pour maintenir toutes choses en leur estat

7

elle deuoit se comporter.

Cependant la femme de Conchine qui commençoit d'auoir de la creance, soubçonnant que si ceste
sage Dame s'addressoit à ceux qui n'ont iamais pro-
curé que le bien public, que ses desseins seroient re-
duits en vn neant, elle s'aduisa de luy faire changer
le Conseil, d'y installer des gens à sa poste, & du tout
accordans à ses desseins, si bien que lors qu'elle pro-
posa de cest affaire, aussi tost ces nouueaux Conseil-
lers furent d'aduis, d'oster les moyens à Messieurs
les Princes de pouuoir iamais paroistre, si ce n'estoit
par vn commandement special,) en quoy Conchine commença de s'esleuer plus que iamais:) car
Monsieur de Longueville ayant esté depossedé de la
citadelle d'Amiens, ce fut luy qui s'en empara & qui
s'en rendit le souuerain, (combien que la Picardie
n'en reçeust aucun contentement) le Marquisat
d'Ancre en mesme temps luy fut donné, aucuns à ce
subject commencerent de se reuolter, quelques li-
belles estoient semez à la sourdine, puis ceux qui a-
uoient le plus d'interest en l'affaire, s'eslongnerent
de la cour auec vn si grand creue-cœur, que leur ab-
sence tesmoigna commét il n'estoit pas licite de des-
obliger ceux, qui recherchoient tous les iour les
moyens d'obliger le peuple.

Voila le motif des premieres mouuemens qui nous
ont causé tant de dómage: que si l'on s'estonne comment des gens de peu, tels que Conchine, & sa femme, ont esté le seul sujet de ce desastre, helas! encores
que nous ayons souffert beaucoup d'iniures, si est-ce
que nous n'auons point d'occasion de nous plaindre,
au respect de ce grand Dieu, qui par leurs charmes,
tant de fois a esté blasphemé, encores quilz eussent

la cognoiſſance de leurs impietés. Leur procès faict & parfaict, inſtruit aſſés le peuple de leurs maluerſations, & peut-on croire par le contenu d'icelluy, que la Reyne Mere a bien eſté deceuë, lors qu'é conſideration de la Patrie, elle les a voulu gratiffier: Et de faict, quel eſprit pouroit reſiſter aux inuentions deſquelles ilz ſe ſeruoient, ſi le ſcachant il ne recouroit au remede contraire: Or eſt-il quelle ignoroit tous leurs ſacrifices clandeſtins, & par conſequent, leur faiſant du bien, il eſt à preſumer que ſa memoire vouloit ſeulement reçeuoir le los d'auoir aggrandy quelq'vn pendant ſon regne.

Conſiderations qui ont apporté tant de troubles en ce Royaume, qu'il euſt mieux valu que telles viperes n'euſſent eſté iamais engédreés que l'air en euſt eſté infecté par leurs maledictions, & que la terre leur euſt ſeruy pour y baſtir leurs autels d'impieté.

En quoy les bõs Frãçois ont ſujet d'approuuer ce que l'on en peut dire: car n'eſtát rié de ſi ſenſible que la perte du ſang, & du bié, la liberté publique ne peut faillir vomiſſant contre ceux qui luy procuroient vn eſclauage. Encore ſi Conchine ſe fuſt tenu dedans les bornes de ſon deuoir, quil ſe fut contenté du Marquiſat d'Ancre, ſans enuahir l'heritage dautruy & ſans faire eſtablir des Loix ſoubs le nom du Roy, peu d'enuie euſt couru contre ſa perſonne, & ſi ne procedant point de la part de Meſſieurs les Princes, ce neuſt eſté q'vn ſimple vent, que la moindre rozée euſt peu abbatre: Mais ſon cœur groſſi d'orgueil & d'ambition ne vouloit point agir dans les choſes finies, ſon but n'eſtoit que l'infini, au plus que les faueurs l'enuironnoient, au plus il les vouloit

loit enuironner, murmurant, alentour d'elle, ainsi
que faict le Basilic alors qu'il tient vne charongne
ainsi ceste ame cauterisee commença de se rendre
odieux tant des grands, que des petites, nonobstant
les signes que ses plus particuliers amis luy faisoient,
ainsi il commença d'establir sa tyrannie, soubs les auf-
pices de l'yreligion qu'il practiquoit auec Montalto,
& pour la faire encores authoriser de plus en plus, fist
tant que de se faire reuestir de la dignité de Maref-
chal de France, soubs laquelle du depuis (combien
que le Parlement ne l'eust approuuee,) il a commis
tant d'exactions enuers le peuple qui luy estoit baillé
en gouuernement, qu'a peine peut-il encores se dire
posseder vn pouce de terre.

Que n'a point faict encores cest ennemy de l'estat,
apres que les mouuemens ont esté cessez, de qu'elles
inuentions ne s'est il point voulu seruir pour estre dit
le Viceroy, la voix du peuple le publie assez clairemét
d'en discourir d'auantage, cest perdre le temps, il faut
necessairement se restreindre sur ce que son ambition
explique elle mesme, & notamment sur la prise de
possession de la Prouince de Normandie, en laquelle
il fust establi gouuerneur, pour recompence de la Citadelle d'Amiens, de laquelle il estoit sorty, & dans laquelle il a voulu du depuis s'entrer; ayant doncques
acquis encores ce gouuernement, est question de s'y
faire dire gouuerneur; la ville de Rouen le receust
pour tel a la verité, mais auec beaucoup de peine &
de rencœur, & n'eust esté qu'elle ne s'estoit point sen-
tie des dernieres guerres, & qu'a son subiect elle y
pourroit participer, si elle ne le recognoissoit pour
tel, en fin elle luy donna l'entree, le receust, ainsi que
l'affection du peuple le pouuoit permettre. Tandis

Leonora Galigay ſa femme, qui poſſedoit du tout l'oreille de la Reyne mere, preiugeant que tant de faueurs pourroient vn iour contrarier à ſon mary, & que par ce moyen elle s'en pourroit reſſentir auec vne notable infamie, elle luy perſuada qu'il eſtoit neceſſaire pour la ſauuegarda de leurs perſonnes, d'eſtre aſſiſtees d'vn grand nombre de gens de guerre, leſquels reſpondroient de leurs actions, quand la neceſſité le requerreroit, & leſquelles ils diſperceroient aux places dont ils eſtoient gratiffiez.

Les choſes ainſi propoſées & premeditées ladicte Leonora Galigay vint au bout de ſon deſſein, & cependant Conchine reuint de Normandie en cette ville de Paris, où il ſeiourna fort peu, à cauſe d'vn aduertiſſement de la mauuaiſe volonté que l'on luy braſſoit, ſi bien qu'il s'en retourna en ladicte Prouince, ayant vne aſſiſtance ſi ſomptueuſe, que par icelle l'on iugea bien, qu'il n'ignoroit pas ce qui eſtoit dás les coffres du Roy; & ce fut ſur ce ſeul ſubiect qu'il euſt de la peine d'entrer en la ville de Caen, car les habitans qui ne le ſouhaittoient en façon quelconque, ayant aſſez ouy parles de ſes deportemens en Picardie, comme du meurtre commis en la perſonne du ſieur de Prouuille par luy du tout authoriſé, tant en France, qu'en Italie, & d'vne infinité d'autres actions, qui ſembloient pluſtoſt proceder de la part d'vn Tyran, que d'vn homme de bien, au lieu de luy donner vne entree libre & reſpectueuſe, ils ſe mutinerent contre ſon intention, iuſques à ce que de la part du Roy ils receurent commandement de le receuoir.

Entré qu'il y fut, pour vn temps il ſe rendit aſſez ſociable, ſon exterieure ne mõſtrant que de l'humi-

lité en sa personne, chacun commençoit de l'ap-
plaudir, mais luy qui n'auoit d'autre dessein, que de
triompher de la benignité des François, recognois-
sant ceste bienvueillance en mesme temps il voulust
en abuser, introduisant de nouuelles coustumes, esta-
blissant de nouuelles loix, & voulant faire des leuees
de deniers contre toute iustice & équité.

Ce qui fit incontinent reuolter le peuple & alu-
mer son courage de tant d'animosité, que s'il ne se
fust absenté de la ville, il eust esté en danger de sa
personne. Tellement qu'il s'alla retirer à Quille-
bœuf, où il demeura assez long temps, traffiquant en
ce lieu de son mauuais naturel, par le moyen des intelligences qu'il auoit tant en Italie, Espagne, Flan-
dre, Allemagne, qu'autres lieux d'où il recuoit sou-
uent des nouuelles.

Ce long sejour luy semblant ennuyeux, il reuint
en ceste ville nuictamment, où estant, au lieu d'aller
en son logis du faux-bourg S. Germain, il s'alla retirer en celuy qui estoit au tenant du Louure, ce qui
fit que peu de personnes ne sceurent point son arriuee: aussi ne s'en enquest-on-on gueres tant qu'il
s'estoit acquis de mauuais bruict: toutesfois quand
quelques iours apres l'on vit des ses Pages par la ville, on iugea bien qu'il n'estoit pas loing, & si soub-
conna-on en mesmes temps, qu'il n'estoit-pas reue-
nu de la sorte, sans quelque intention d'executer
quelque nouueau dessein, lors les vns en disoient ce
qui leur sembloit, les autres suyuoient la commune
oppinion, bref comme l'on estoit en ces entrepar-
lers en mesme temps il courust vn bruict par la ville,
qu'il y auoit eu vn grand meurtre dans le Louure,
que l'on s'estoit addressé à la personne du Roy, &

que plusieurs des plus grands de la Cour estoient ex-
pediez : Rumeur qui fut incertaine plus d'vne heure entiere, & sans que Madame la Princesse, passant
sur le pont nostre Dame, fit assauoir par ses propres
plainctes, comment monsieur le Prince son fils estoit
arresté, le peuple commençoit de se mettre en armes pour faire recherches des autheurs du meurtre
pretendu : mais lors qu'il entendit ceste voix affli-
gee, il cessa vn peu son esmotion, iusques à ce que la
raison luy permist d'en sçauoir les causes. Le bruict
cesse, ceux qui perdoient leur credit, & leur fortune
par le moyen de la detention de ce Prince, afin de
s'en vanger contre les autheurs, ils animerent la populace, pour courir dessus Conchine, & pour le ter-
miner s'il eust esté possible, pour vcuë de laquelle a-
nimosité, l'on alla droit à son logis, auec vne fureur
si violente, que s'il s'y fust rencontre auec ses assistãs,
l'on eust tout mis au fils de l'espee : Toutesfois pour
ce coup le bon-heur luy en voulust : car on ne ren-
contra dans ce logis que quelques vns de ses moin-
dres seruiteurs, qui ne desirant perdre la vie, pour vn
subjet de si peu d'importance, ne firent frime aucune de se rebeller ; de telle sorte que ceste populace,
suyuant la passion des bons François, & sans d'autres
considerations de reprimáde, mire ledit logis entie-
rement au pillage, & non satisfaicte encore de cest
affront, dégrada tous les arbres du jardin : Les plus
chetiues personnes mesmes, & lesquelles l'on n'eust
point creu se vouloir resséitir, s'estoiët celles qui vo-
missoiét toutes sortes de maledictiõs cõtre Conchine, & contre sa femme : Presage qui leur deuoit pro-
nostiquer, ce que le temps leur a faict assauoir à leurs
despens, & qui les deuoit faire cesser ce que leurs a-

mes machinoient contre le Roy , & contre la France.

S'eſtoient (en faut demeurer d'accord) deux ames de fiel & de corruption, deux inſtrumens produicts, de l'enfer, qui tenoient les reſſorts de noſtre bien , & de noſtre infortune, s'eſtoient dis-ie deux Crocodilles qui nous riant nous eſtouffoient,& qui n'auoient en vn mot d'autre recommandation, ny d'autre deſſein que de nous mettre dans le cercueil , ainſi qu'il auoiet des-ja mis nos proſperitez; il eſt vray ces deux viperes nous eſtoient vn fleau , qui eſgrenoient nos contentemens, lors que nous les tenions deſſus leur pied ferme : car apres ce ſcandale fait en leurs perſonnes, par le moyen d'vne fureur publique, qui euſt creu que Conchine euſt entrepris (comme il à faict) pour exterminer meſſieurs les Princes, qu'il euſt faict venir des eſtrangers pour les ſubjuger , qu'il ſe fuſt rendu plus que iamais poſſeſſeur des finace du Roy, qu'il euſt voulu fortifier le Mont de ſaincte Catherine é Normãdie,qu'il euſt dis-je vſé de paroles ſi peu reſpectueuſes enuers ſa Majeſté , veu que c'eſtoit par ſon authorité tenuë en bride, qu'il diſpoſoit ainſi de la France ! Helas ! quel eſt eſprit humain,qui ſe peut forger tant de preſumption, la bien-ſeance ne permet-elle pas d'aduouër vn tel perſonnage, non pour vn homme, mais pluſtoſt pour vn vautour, auide de ronger le cœur d'vn Royaume, ouy, il eſt plus que raiſonnable de l'accorder,ſes actiõs trop manifeſtes, ſe cenſurent elles meſmes,& ſe reduiſent au meſpris de la poſterité.

De là , les derniers mouuemens ſont ſuruenus, Soiſſons, Neuers, Retel, & pluſieurs autres places de ce Royaume par ce moyen ont couru le danger de

la ruine, le Roy en eſtoit en luy meſme treſ-deſplai-
ſant; auſſi ſes fidelles ſeruiteurs faiſoient aſſauoir à
ſa Majeſté d'où prouenoient toutes ſes menees, de
façon que le tout luy eſtát notoire, & que l'aſtuce de
Conchine en eſtoit la plus ſubtile prattique, aduerty
meſme qu'il vouloit entreprendre ſur ſa perſonne
& ſur ceux qu'il affectionnoit le plus, il delibera d'y
reme dier, à quoy neantmoins il eut beaucoup de
difficulté : toutesfois Dieu qui preſidoit, ſur vn deſſein ſi ſalutaire, iugeant par ſa diuine prouidence
qu'il eſtoit plus expedient qu'vn ſeul mouruſt, que
tant d'innocens fuſſent mis au coupe-gorge, il luy
donna la reſolution de le faire apprehender, pour le
conuaincre des crimes dont la voix publique l'accu-
ſoit, à quoy fut employé le ſieur Baron de Vitry, à
preſent Mareſchal de France, lequel deſirant de ſa-
tisfaire à ſes promeſſes, & voulant eſtre dit bon & fi-
delle ſeruiteur du Roy, il arreſta ledit Conchine ſur
le pount du Louure, où ſe mettant en deuoir de re-
bellion, il fut terraſſé ſans beaucoup d'eſmeute, & cy
toſt ſon corps enleué.

Le ſoir par la ſupplication de quelques perſonna-
ges pieux, la clemence du Roy permit de l'inhumer
en l'Egliſe de ſainct Germain de Lauxerrois, & le len-
demain, le peuple ſe reſentant encores de ſa ioye re-
naiſſante, & de la haine qu'il portoit à ce deffunct,
l'alla tirer du monument pour le traiſner parmy la
ville; ce qu'eſtant fait, il fut pendu par les pieds au
bout du pont neuf, en vne potence qui y eſtoit plan-
tee, puis deſmembré & reduit en pluſieurs & diuer-
ſes parties, mis dans le feu pour y conſommer, & ſes
cendres iettes au vent.

Quant à Leonora Galigay, comme le ſimple peu-

ple s'exerçoit de la forte fur fon mary, les bons officiers de la Couronne, trauailloient tandis à la conuaincre des crimes dont elle eftoit fort foubçonnee,
& pour cet effect, l'on arrefta ceux que l'vn & l'autre
auoient introtroduicts dans le Confeil du Roy, l'on
mit garnifon dans leurs logis, l'on fe faifit auffi de fa
perfonne, & la detient-on quelque temps au Louure, au lieu, ou Monfieur le Prince auoit efté detenu,
quelques iours apres elle fut conduitte en la baftille,
puis emmenee en la Confiergerie du Palais.

Cependant que l'on depute des Commiffaires
pour luy faire & parfaire fon procez, ainfi que l'on
en a veu l'execution.

Or les cas dont elle eftoit foubçonnee, & à iufte
raifon, eftoient d'auoir fort agy aux entreprifes de
feu fon mary, de luy auoir donné confeil, d'auoir des
intelligences par toutes les contrees de l'Vniuers
d'entretenir deçà & delà des penfionnaires au def-
pens du Roy, qui s'inclineroient à leurs intentions,
d'auoir pareillement fait venir en France des Iuifs de
nation, pour y obferuer à fa deuotion leurs ceremo-
nies, d'auoir auffi eu pour agreable les oblations Iu-
daïque, de s'eftre feruie de l'œuure de Magie, & de
Caracteres, ainfi qu'il fe void au factum & à l'abregé
de fon procez.

Pour lefquels, & autres y contenus, la Cour s'inclinant plus à la mifericorde qu'à la punition, la con-
damna d'auoir la tefte tranchee en la place de greue,
fon corps mort, ards & bruflé, & fes cendras iettees
au vent; ce qui fut executé le Samedy huictiefme
iour de Iuillet de l'annee prefente mil fix cens dix-
fepts, où ladicte Galigay demonftra tant de conftan-
ce, que ceux qui euffent efté ignorans de fes forfaits,

l'euſſent iugee lors pour innocente.

Voilà comment l'ambition & le mauuais naturel de Conchine & de ſa femmes , ont eſté la cauſe de leur vitupere , ainſi ayant eſté des plantes qui vou-loient offuſquer noſtre lumiere, l'on a offuſqué non ſeulement la cauſe, mais eſtouffez quant & quant leurs propres effects.